पंकज चतुर्वेदी

पंकज चतुर्वेदी का जन्म 24 अगस्त, 1971 को इटावा, उत्तर प्रदेश में हुआ। इटावा और कानपुर के गाँवों-क़स्बों में आरम्भिक शिक्षा प्राप्त करने के बाद सातवीं कक्षा से उ.प्र. सैनिक स्कूल, लखनऊ के छात्र हुए। वहाँ से 1989 में आई.एस.सी. और लखनऊ विश्वविद्यालय से 1992 में बी.ए. किया। जवाहरलाल नेहरू विश्वविद्यालय, नई दिल्ली से 1994 में एम.ए. (हिन्दी) और 1998 में एम.फ़िल. किया। 2007 में वहीं से पी-एच.डी. की।

उनकी प्रकाशित कृतियाँ हैं—*एक सम्पूर्णता के लिए, एक ही चेहरा, रक्तचाप और अन्य कविताएँ, आकाश में अर्द्धचन्द्र* (कविता-संग्रह); *आत्मकथा की संस्कृति, निराशा में भी सामर्थ्य, रघुवीर सहाय* (साहित्य अकादेमी, नई दिल्ली के लिए विनिबन्ध), *जीने का उदात्त आशय* (आलोचना); *यही तुम थे* (वीरेन डंगवाल पर एकाग्र आलोचनात्मक संस्मरण); *प्रतिनिधि कविताएँ : मंगलेश डबराल, प्रतिनिधि कविताएँ : वीरेन डंगवाल* (सम्पादन)। इसके अतिरिक्त भर्तृहरि के इक्यावन श्लोकों की हिन्दी अनुरचनाएँ प्रकाशित।

उन्हें कविता के लिए वर्ष 1994 के *भारतभूषण अग्रवाल स्मृति पुरस्कार* और आलोचना के लिए 2003 के *देवीशंकर अवस्थी सम्मान* एवं उ.प्र. हिन्दी संस्थान के *रामचन्द्र शुक्ल पुरस्कार* से सम्मानित किया गया। 2019 में *रज़ा फ़ेलोशिप मिली* और *आकाश में अर्द्धचन्द्र* के लिए *कलिंग लिटररी फ़ेस्टिवल बुक अवार्ड,* 2022 से सम्मानित हुए।

सम्प्रति : प्रोफ़ेसर एवं अध्यक्ष, हिन्दी विभाग, वी.एस.एस.डी. कॉलेज, कानपुर (उ.प्र.)—208002

ई-मेल : pankajgauri2013@gmail.com

काजू की रोटी

पंकज चतुर्वेदी

राजकमल पेपरबैक्स

राजकमल पेपरबैक्स में
पहला संस्करण : 2023

राजकमल पेपरबैक्स : उत्कृष्ट साहित्य के जनसुलभ संस्करण

राजकमल प्रकाशन प्रा.लि.
1-बी, नेताजी सुभाष मार्ग, दरियागंज
नई दिल्ली-110 002
द्वारा प्रकाशित

शाखाएँ : अशोक राजपथ, साइंस कॉलेज के सामने, पटना-800 006
पहली मंजिल, दरबारी बिल्डिंग, महात्मा गांधी मार्ग, प्रयागराज-211 001
वेबसाइट : www.rajkamalprakashan.com
ई-मेल : info@rajkamalprakashan.com

बी.के. ऑफसेट
नवीन शाहदरा, दिल्ली-110 032
द्वारा मुद्रित

मूल्य : ₹199

KAJU KI ROTI
Poems by Pankaj Chaturvedi

ISBN : 978-81-19028-49-8

कविता ही नहीं
मनुष्यता में भी अनन्य
यशस्वी कवि
नरेश सक्सेना
के लिए

‘आह, यह कैसा ज़माना है
कि पेड़ों के बारे में बातचीत भी लगभग जुर्म है
क्योंकि इसमें बहुत सारे कुकृत्यों के बारे में हमारी चुप्पी भी शामिल है।’

—बेर्टोल्ट ब्रेष्ट

क्रम

चाँद कहता था

चाँद कहता था
आज शाम :
अपने सारे संताप
घुला दो
मेरी शीतलता में
मेरी छाँव में
सो रहो

मगर मैंने कहा :
आऊँगा फिर कभी
अभी उद्विग्न है हृदय
आततायी की विजय-दुंदुभि
सुन पड़ती है

और मेरा देश
उसके छल से अभिभूत
हिंसकता पर मुग्ध
किन्तु अपने
भवितव्य से
अनजान है!

स्वाधीन भारत में

सत्तर बरस के
स्वाधीन भारत में
मैं अपनी नागरिकता
बदलना नहीं चाहता

किसी का दरवाज़ा
खटखटाते डरता हूँ
कि वह खोले और कहे :
हिन्दू राष्ट्र में
आपका स्वागत है!

हे राम!

वैसे यह प्रमाणित नहीं है
पर उसके काफ़ी क़रीब है
कि अपनी हत्या के वक़्त
गांधी दो ही शब्द कह सके :
'हे राम!'

आज सबसे बड़ा प्रश्न यह है
कि तुम किस भाषा में
अपनी प्रार्थना और शोक
व्यक्त करोगे
जबकि तुम्हें मालूम हो
उसी भाषा में तुम पर
होंगे अत्याचार

नया राजपत्र

अगर आप सरकार के
तरफ़दार नहीं हैं तो
इसके तीन ही मतलब हैं

एक : आप देशद्रोही हैं
उसमें भी बहुत सम्भव है
कि आप पाकिस्तान-परस्त हों
(अल्पसंख्यक अधिक सन्दिग्ध हैं)

दूसरा : आप नक्सली हैं
या बहुत सम्भव है
कि आप उनके लिए
काम करते हों
(आदिवासी अधिक सन्दिग्ध हैं)

तीसरा : आपके पास काला धन है
और आप उसे ठिकाने
नहीं लगा पाए
या बहुत सम्भव है
कि आपने उसे
जन-धन ख़ातों में
जमा करवा दिया हो
(ग़रीब अधिक सन्दिग्ध हैं)

इसके बावजूद अगर आपको
इस देश में रहने दिया जा रहा है

तो यह सरकार की
सहिष्णुता है
आपकी नहीं!

यह नई राजनीतिक शैली है

यह नई राजनीतिक शैली है
कि हत्या की नहीं जाती
वह माहौल बनाया जाता है
जिसमें हत्या
एक स्वाभाविक कर्म हो

जो इस माहौल के जनक हैं
वे हत्या पर
अफ़सोस करते हैं

शौर्य कमज़ोरों का नहीं

शौर्य कमज़ोरों का नहीं
आततायियों का होता है

शौर्य दिवस भी वे ही मना सकते हैं
जो प्रार्थना-गृह गिराते हैं

और जब कमज़ोर कहें
कि उनमें अन्याय
और विषमता से
जूझने का शौर्य है
तो हिंसा से उन्हें
चुप कराया जाता है

और फिर कोई नेता कहता है :
तुम इन्हें मत मारो
मुझे मार लो!

इससे भी यही पता चलता है
कि मारने वालों के ही
हाथ में
देश की
लगाम है

अगर आपके पास ताक़त है

अगर आपके पास ताक़त है
तो आप असहमति को
दबोच सकते हैं
और फिर
मुस्करा सकते हैं

लोकतंत्र
दबोची हुई निरीहता पर
ताक़तवर की मुस्कान है

जिससे जनता को लगता रहे
कि मार रहा शख़्स
मेहरबान है

इमरजेंसी

इमरजेंसी भी लौटकर
आती है इतिहास में
कहती हुई :
मैं वह नहीं हूँ
जिसने तुम पर
अत्याचार किए थे

इस बार
मैं तुमसे
करने आई हूँ
प्यार

ऑक्सीजन के अभाव में

घर के आँगन में
तुलसी के पौधे हैं
पीछे पीपल के पेड़
और सामने
नीम का विशाल वृक्ष

डॉक्टर कहते हैं
सबसे ज़्यादा ऑक्सीजन के
ये स्रोत हैं

बेशक यह अच्छा है
पर ऑक्सीजन के अभाव में
बच्चों के मरने की
उदास करती ख़बरों के बीच
एक अपराधी की तरह
इनके साथ रहता हूँ

क्या आप यक़ीन करेंगे?

बेरेटा एम-1934
9 एम.एम. की पिस्तौल थी
जो सबसे पहले इटली में
मुसोलिनी की सेना ने
इस्तेमाल की थी

1941 में इटली जब
ब्रिटेन से पराजित हुआ
तो एक सैन्य अधिकारी
तमग़े के तौर पर
इसे ग्वालियर ले आए

जहाँ सात साल बाद
हिन्दू महासभा के
सहयोगियों की मार्फ़त
नाथूराम गोडसे और नारायण आप्टे ने
इसे एक हथियार विक्रेता से ख़रीदा
और फिर गांधी की हत्या की

बाद में हत्यारों ने इसका
7.65 एम.एम. का
देशी संस्करण
तैयार कर लिया

क्या आप यक़ीन करेंगे
यह वही पिस्तौल है

जिससे आज़ादी के
सत्तर साल बाद
लेखकों की हत्या
की जा रही है

सत्ता की आपत्ति

सत्ता की आपत्ति यह नहीं है
कि आप क्या कह रहे हैं
बल्कि यह है
कि आप
कह क्यों रहे हैं

नया भारत

मनुष्य की हत्या हो रही है
गुनाह यह है कि वह अल्पसंख्यक था
और होरी की तरह
अपने दरवाज़े
गाय पालना चाहता था

बहुत भयावह और कारुणिक है यह सब
यह जो नया राष्ट्र-राज्य बन रहा है
जिसे 'नया भारत' कहा गया है

दो चीज़ें विदा कर दी गई हैं :
शर्म और संवेदना

दो चीज़ें रह गई हैं :
तकलीफ़ और दहशत!

सिर्फ़ माँ है

एक छात्र जिसे पहले पीटा गया
और फिर ग़ायब कर दिया गया
नहीं मालूम वह कहाँ है कैसा है

जैसे-जैसे दिन बीतते जाते हैं
उसके मिलने की आशा
धूमिल होती जाती है

सवालों से कतराती है सत्ता—
जैसे अपराधियों का स्वतंत्र विचरण
कोई समस्या नहीं है
बल्कि जिन्हें सताया जा सकता है
उनका जीवन एक समस्या है—
और वह अपनी क्रूरता से
निश्चिन्त होना चाहती है

शरीफ़ लोग किसी अनहोनी की
आशंका में चुप रहते हैं
और जो उसे पाने के लिए लड़ रहे
हारते जाते हैं

एक नई नागरिकता निर्मित हो रही
जो यह मानती है
कि अन्याय पर ख़ामोश रहना बेहतर है
और उसे भूलना सबसे कारगर उपाय

सिर्फ़ माँ है
जो शताब्दियों तक
अपने बेटे की प्रतीक्षा करेगी!

अच्छा काम

अच्छे दिन का वादा
वादा ही है

बेशक शाकाहार
अच्छा काम है

विचारहीन सादगी
अच्छी है

इन्द्रिय-दमन अच्छा

पूजा-पाठ
और भी अच्छा

संघ की शाखा में जाना
सबसे अच्छा

मुख़्तसर यह
कि अच्छा अब एक
संविधान-निरपेक्ष
शब्द है!

अजीब समय है यह

अजीब समय है यह

जो जितना हिंस्र है
वह उतना ही लोकप्रिय है

समाज के बजाय
भीड़ के जत्थे हैं
और उन्हें
हत्या के लिए उकसाते
उनके नायक हैं

नास्तिक को इसलिए मार दो
कि वह सवाल उठाता है
भक्त को इसलिए कि वह
निहत्था मन्दिर जाता है

कमज़ोर को इसलिए मार दो
कि वह बराबर आना चाहता है
ग़रीब को इसलिए कि उसकी
कोई सुनवाई नहीं है

हत्याएँ इस तरह होती हैं
कि लोगों को लगे :
हत्या का समाधान है
हत्या

आदमी का ख़ून
जितना बहता है
राजनीति का उतना ही
रंग रहता है

हत्यारा बढ़ता है
सिंहासन की तरफ़
भीड़ जय-जयकार करती है

अजीब है यह समय

गायें

अब न चरवाहे रह गए न चरागाह
शहरों में जहाँ-तहाँ बची रह गई घास
और कूड़े के ढेर हैं
जिन पर निर्भर है उनका जीवन

वे लावारिस हैं
केवल दूध दुहने के समय
उनके मालिक उनसे मिलते होंगे

बारिश में भीगी हुई
सर्दी से सहमी हुई-सी
और भीग जाने से बचने के लिए
कभी किसी पुलिस थाने के
सूने बरामदे में
कभी सड़क के किसी किनारे
पेड़ों की छाँह में
वे खड़ी रहती हैं चुपचाप

कोई उम्मीद न करती हुई राहगीरों से
वे अपलक उन्हें ताकती हैं
बेबस और निरीह

निरीहता में वे होड़ लेती हैं
ग़रीब जनता से

और यह जानतीं नहीं
कि भारतीय राजनीति में
अब उनका क्या इस्तेमाल सम्भव है

ऐसी सुन्दरता सह्य नहीं है

माल्टा की दाफ़्ने करुआना गलीज़िया
एक बहुत ख़ूबसूरत स्त्री थी
जिसने पनामा पेपर्स की मार्फ़त
दुनिया-भर के
भ्रष्ट सत्ताधारियों को
बेनक़ाब किया था

लाखों लोग उसे रोज़ पढ़ते थे
कहते थे :
वह स्त्री अपने आप में 'विकीलीक्स' थी

भारत का सत्ता-प्रतिष्ठान
भ्रष्ट तत्त्वों से
अनूठी दुरभिसन्धि के चलते
उससे अप्रभावित रहा आया
अन्यथा अनेक देशों के शासकों को
अपनी कुर्सी गँवानी पड़ी

नतीजतन कार बम के ज़रिए
दाफ़्ने के वजूद के
परखच्चे उड़ा दिए गए

हत्यारों ने उसके
अन्तिम शब्दों को
सत्यापित किया :
"अब जहाँ देखो हर जगह

धूर्त और बेईमान बैठे हैं
स्थिति भयावह है"

ऐसी सुन्दरता सत्य नहीं है
जिसमें सच की तेजस्विता हो

वे महज़ उसे सुन्दर मानते हैं
जिसका इस्तेमाल कर पाते हैं

आशय तक पहुँचने के लिए

कभी-कभी
आशय तक पहुँचने के लिए
वाक्य को
पार करना पड़ता है

मसलन हमारे दौर में
'अब कुछ हो नहीं सकता'
निराशा का इज़हार नहीं

बल्कि किसी व्यक्ति की
प्रशंसा में
कहा गया वाक्य है

नए बनते निज़ाम को देखो

जो लोग लेखकों की
हत्या कर रहे
वे अज्ञात हैं

जो स्त्रियों को बलात्कार की
धमकियाँ दे रहे
वे अज्ञात हैं

जो फ़िल्मों के सेट जला रहे
वे अज्ञात हैं

जो बुद्धिजीवियों के साथ
मार-पीट कर रहे
और उन्हें गालियाँ दे रहे
वे अज्ञात हैं

भले तुम इसे
लोकतंत्र मानते रहो
पर इस नए बनते
निज़ाम को देखो :
मारने वाले अज्ञात हैं
मरने वाले ज्ञात हैं!

संघ की शरण जाता हूँ

कभी वह भी समय था
जब राजकीय दमन से पीड़ित
सांसारिक दुखों से आहत
वर्ण-व्यवस्था से संतप्त
तुम्हारे पूर्वज
सत्य, शान्ति और
मुक्ति की तलाश में
कहते थे :
संघ की शरण जाता हूँ

वह कोई और ही संघ था
जो विराग से बना था
अहिंसा, अपरिग्रह
और सौहार्द से

चक्र उलटा घूमता है अब
सत्ता की हिंस्र लालसा
लिये हुए लोग
कहते हैं :
संघ की शरण जाता हूँ

हवन के लिए

हवन के लिए
अमेज़ॉन की वेबसाइट पर
गाय के गोबर से बने
नौ कंडों का सेट
ख़ूबसूरत पैकेजिंग में
महज़ एक सौ निन्यानबे
रुपयों में उपलब्ध है

यह सिर्फ़ विज्ञापन नहीं
हमारे समय का शायद
सर्वश्रेष्ठ रूपक है

इसमें सब-कुछ है :
गाय
गोबर
धर्म
कॉर्पोरेट
भूमंडलीकरण

और सत्ता का
अदृश्य हाथ
जिसके बग़ैर
यह दुर्लभ संयोग
सम्भव न था!

मुग़लसराय सिर्फ़ एक स्टेशन का नाम नहीं

कई बार रेलवे स्टेशन का
प्रतीक्षालय भी
मुझे घर जैसा लगा है
बेशक कम सुविधा
कम इतमीनान
कम समय के लिए
कुछ लोगों का साथ
रहता है

अगर हम वहाँ
रह नहीं सकते
तो घर भी बार-बार
लौट आने के लिए है
रह जाने के लिए नहीं

घर एक सराय है
और दुनिया भी

आराम की जगह
सफ़र में पड़ने वाला
मक़ाम है

इसलिए मुग़लसराय
सिर्फ़ एक स्टेशन का
नाम नहीं

भारतीय इतिहास की
महान यादगार है

उस नाम को
मिटाने का मतलब है
तुम नहीं चाहते
कि लोग जानें :
कोई यहाँ
कभी आया था
ठहरा था
उसने भी इस देश से
मुहब्बत की थी
इसे बनाया था

तुमको यह भी लगता है
कि तुम इस दुनिया में
रह जाओगे
और जो चले गए
वे कम समझदार थे

नया नियम

तुम जो भी हो
किसान या मजूर
इस देश के
नागरिक नहीं हो

राज्य तुम्हें
पहचानता नहीं

ख़ुदकुशी गुनाह नहीं है
यह कहना गुनाह है
कि हालात
ख़ुदकुशी के हैं

हताशा के इज़हार से
साबित नहीं हो पाता
कि सब साथ हैं
सबका विकास हो रहा है

इसलिए लोकतंत्र का
नया नियम है :
दुख को जो कहेगा
नागरिक नहीं रहेगा!

आत्महत्या के विरुद्ध

एक बार किशोर अवस्था में
हताशा के किसी क्षण में
मैंने माँ से कहा :
'मैं आत्महत्या कर लूँगा!'

उन्होंने जवाब दिया :
'मेरे साथ यह घटियाई
मत करना!'

वह बहुत कम
पढ़ी-लिखी हैं
पर जो ज्ञान
उन्होंने मुझे दिया
आज तक
किसी किताब में
नहीं मिला

अचरज तो यह है

जब मैंने उससे कहा :
हालात अच्छे नहीं हैं
वह मुझ पर बरस पड़ा :
आप कहना क्या चाहते हैं
कि सरकार ने
इन्हें बिगाड़ा है?

अचरज तो यह है
कि वह भी एक
सताया जा रहा
इनसान था
सरकार का हिस्सा
नहीं था

एक दिन आएगा

एक दिन आएगा
जब राष्ट्रपति वही कहेंगे
जो प्रधानमंत्री कहेंगे
वही उपराष्ट्रपति कहेंगे

वही मुख्यमंत्री, मंत्री,
सांसद, विधायक
और जो भी अन्य
अधिकारी सम्भव हैं—
कहेंगे

सत्ता का एक केन्द्र होगा
जिसके पास भाषण की
मूल प्रति होगी
बाक़ी सब उसकी धुँधली
और कमज़ोर छाया-प्रति का
पाठ करेंगे

व्यक्तित्व का दोहराव होगा
व्यक्तित्व नहीं

जब कोई कुछ और कहेगा
तो कहा जाएगा :
कहने वाले में ही कमी है

यह वह बात
क्यों नहीं कह रहा है
जो सब कह रहे हैं

देश के लिए

राष्ट्र-नेता के यह कहने में
कि उन्हें 'देश के लिए
मरने का तो नहीं
पर जीने का मौक़ा मिला'
दोहरी कामयाबी है

एक यह भ्रम होता है
कि वह कोई दूसरा ही समय था
जिसमें देश के लिए
मरा जाता था

दूसरे, उनसे भी ध्यान
भटका दिया जाता है
जो इस समय
देश के लिए
मर रहे हैं

इस तरह कि
बलिदान के बजाय
प्राप्ति महान लगे
और प्रलाप करना
देश के लिए
चुप रहकर खटने से
बेहतर कर्म मालूम हो

राजा ने कहा

राजा ने कहा :
'मैं कभी छुट्टी नहीं लेता'

लोगों की ज़िन्दगी
तबाह करना
एक बड़ा काम है

अवकाश पर जाने से
कैसे होगा?

ईश्वर का अचरज

अत्याचारी कहता है
कि उस पर ईश्वर की
कृपा है
क्योंकि वह निर्बल को
सताने में समर्थ है

और अत्याचार का
शिकार भी
यही मानता है
क्योंकि वह मार खाकर
जीवित रहा आता है

एक ईश्वर यह
अचरज करता है :
'मैं तो हूँ ही नहीं
फिर मेरी कृपा का
इतना अपयश क्यों?'

काजू की रोटी

काजू की रोटी के बारे में
सुनते-सुनते
कि उसे हुक्मरान खाते हैं
घर में एक दिन
स्वगत मैंने पूछा :
'काजू की रोटी
होती कैसी है?'

जीवन-संगिनी ने कहा :
'थोड़ा आटा मिलाना पड़ेगा
नहीं तो उसकी रोटी बनेगी नहीं
टूट जाएगी'

राजा को प्रजा की
ज़रूरत क्यों है
समझने के लिए
इससे बेहतर
रूपक क्या होगा!

सपने में एक तस्वीर

सपने में एक तस्वीर से
मैं विचलित हुआ

देश के सबसे बड़े
पूँजीपति की अर्धांगिनी से
हाथ मिलाते हुए राष्ट्र-नेता
इतने गद्‌गद और उपकृत हैं
गोया वह किसी साम्राज्य की
महारानी हैं

उसी समय
शाबाशी या कि अन्तरंगता में
राष्ट्र-नेता की पीठ पर
पूँजीपति ने अपना हाथ
रखा हुआ है

मैंने कहा :
यह देश का अपमान है

ट्रेन में सफ़र कर रही
एक स्त्री ने
असहमति ज़ाहिर की :
'सो व्हाट? दे आर फ्रेंड्स!'

एक मुसाफ़िर ने एतराज़ किया :
'मैडम, सवाल दोस्ती का नहीं

प्रोटोकॉल का है'

वह स्त्री चुप रह गई
मगर उस सन्नाटे में
मैं सोचने लगा
प्रोटोकॉल की बाबत नहीं
यह कि जनता को
इस दोस्ती की
कितनी क़ीमत
चुकानी होगी?

पूछो राष्ट्र-निर्माताओं से

एक तीन तलाक़
होता है
और एक
चुप्पा तलाक़

चुप्पा तलाक़ में
महान लक्ष्य से
पत्नी
तज दी जाती है

पूछो
राष्ट्र-निर्माताओं से :
चुप्पा तलाक़ का
निराकरण
कैसे होगा

किस न्यायालय में
उसकी सुनवाई होगी?

देश के हर नागरिक के लिए

देश के हर नागरिक के लिए
यह सज़ा है
कि वह जानता रहेगा
शर्मसार होगा
मगर इसे कभी
कह नहीं पाएगा :
'मेरी बच्ची!
तुम महफ़ूज़ नहीं हो!'

क्या हम ऐसा समाज बना रहे हैं

बच्चे तो यह जानते भी नहीं हैं
कि मृत्यु क्या होती है
हिंसा किसे कहते हैं

वे यह सोच भी नहीं सकते
कि जिस दुनिया में वे हैं
उन्हें अचानक कभी
मारा जा सकता है

उन्हें नहीं मालूम
कि इस बीच लालच ने
हमारे शासकों को
बर्बर बना दिया
और कुटिलता ने
निर्लज्ज

कोमलता अब सबसे अधिक
वध्य हो गई

क्या हम ऐसा समाज बना रहे हैं
जिसमें बच्चों को भी
नाउम्मीद रहना होगा
बड़ों की तरह?

साथ-साथ यह बताया जाए

मन्दिर में आरती के बाद
सुनता हूँ प्रार्थना का
उत्साहित सिंहनाद :
'धर्म की जय हो!
अधर्म का नाश हो!'

अगर धर्म का मतलब
मनुष्यता है तो
ज़रूर उसकी जय हो

लेकिन उसका अर्थ
धर्म की राजनीति है
तो साथ-साथ
यह बताया जाए
कि जब उसकी जय हो
तो संविधान का क्या हो?

इसी तरह
अधर्म का आशय
अमानुषिकता है तो
निश्चय ही
उसका नाश हो

लेकिन उसका अभिप्राय
असहमति है

तो साथ-साथ
यह बताया जाए
कि जब उसका नाश हो
तो लोकतंत्र का क्या हो?

सत्ता का सरोकार

सत्ता का सरोकार है
कि तुम हिंसक व्यवहार के
आदी बनो

गर्व से कहो
कि तुम विजेता हो

आँसू
कमज़ोरी की निशानी हो
ग़रीब की रोटी छीन लेना
ताक़त की

हँसते समय यह सीखो
कि निर्बल का अपमान करके
कैसे हँसा जाता है

प्यार एक वर्जित ख़याल हो
और जो उस राह पर चले
उसमें शर्मिंदगी और
अपराध-भाव पैदा हो

अपराधी यह कहें
कि निरपराध करना है
समाज को

देश में जितने भी हादसे हो रहे हैं

देश में जितने भी
हादसे हो रहे हैं
उनके लिए सरकार नहीं
विपक्ष ज़िम्मेदार है

मंत्री जी ने कहा :
जब विपक्ष को
सरकार ही चलानी थी
तो वह चुनाव
क्यों हार गया?

उम्मीद के चँदोवे तले

हमारे समय की
यह नहीं है मुश्किल
कि उम्मीद नहीं है
बल्कि यह है कि
हत्यारे से उम्मीद है

घर से दफ़्तर
दफ़्तर से बाज़ार तक
लोग उम्मीद करते हैं
कि जो काम
कोई नहीं कर पाया
हत्यारा करेगा

यहाँ तक कि
माँ भी आ जाती है
उम्मीद के इस चँदोवे तले

मगर जब उसे
हत्यारे का इतिहास
पता चलता है
वह कहती कुछ नहीं
उदास हो जाती है

फूल जो जनता ने बरसाए

फूल जो जनता ने बरसाए
अत्याचारी पर
वे अत्याचारी ने ही
मुहैया कराए हैं

यह आत्म-अभिनन्दन है
जो दिखता है
सम्मोहन की तरह

दृश्य एक परदा है पड़ा हुआ
वास्तविक दृश्य पर

राजनीतिक शक्ति-प्रदर्शन
नया शब्द है
लोकतंत्र का
जिसका मतलब है
कि कितनी बड़ी जनसंख्या
निर्भर है अत्याचारी पर
और अत्याचारी की सफलता
इस पर
कि वह कितना निरीह
बना सकता है समाज को!

फूलपुर को खोजता हूँ

मध्य प्रदेश में रहते हुए
उत्तर प्रदेश ही स्वदेश लगता है
जहाँ इन दिनों चुनाव हैं

लिहाज़ा काफ़ी उम्मीद
और चिन्ता से
देखता-सुनता हूँ समाचार

बचपन में पिता
फूलपुर का नाम लेते थे
कि वहाँ से चुनकर
आते थे नेहरू
तो फूलपुर मेरी कल्पना में
एक स्वप्निल और
ख़ूबसूरत जगह थी

अब सारे मिथक टूट चुके
जानता हूँ चुनाव
लोकतंत्र का ऐसा उत्सव है
जिससे और चमकते हैं आततायी
जनपदों में और उड़ती है धूल

फिर भी मैं फूलपुर को
खोजता हूँ अपने गणराज्य में
जो किसी असफल
स्वप्नदर्शी को चुने
सफल अपराधी को नहीं!

खलनायक

फ़िल्म में जो खलनायक
ऐश्वर्यमय जीवन जीता है
वह दुनिया में भी जीता है
लेकिन मरता सिर्फ़ फ़िल्म में है

जिससे तुम दुनिया में
उसके होने से
विचलित न रहो

उलटे यह मानते रहो
कि वह मर चुका है
और जो दुनिया में है
वह नहीं है
जो फ़िल्म में मरा है

शरणागत

हत्यारे की शरण
जो गया है समाज
वह अपने बचे रहने की
अलिखित शर्त पर
हत्या का
समर्थक समाज है

नई हत्या

अब यह एक नई
हत्या चल पड़ी है :
किसी को भी मार दो
सबूत की ज़रूरत नहीं
सिर्फ़ सन्दिग्ध होना काफ़ी है
और सन्दिग्ध होने के लिए
निरीह असहमत
अरक्षित होना

और हाँ! उसे
जीवित मत रहने दो
क्योंकि एक तो इससे वह
निर्दोष साबित हो सकता है
दूसरे, राष्ट्र के लिए
उसका बलिदान आवश्यक है

यों देशी शासकों को
सुविधा अधिक है
आख़िर अंग्रेज़ों ने भी
हमारे भले का दावा किया
मगर यह वे सिद्ध नहीं
कर सकते थे!

हत्या महान उद्‌देश्य से

हत्या जब महान उद्‌देश्य से
की जाती है
तो पुलिस का यही
फ़र्ज़ रह जाता है कहना :
हत्यारे मिल नहीं रहे हैं

उधर हत्यारे
सभी समाचार-माध्यमों में
दावा करते हैं :
क़ानून
अपना काम कर रहा है

हत्यारे जब माँग करते हैं

हत्यारे जब माँग करते हैं
कि हत्या की
निष्पक्ष जाँच हो
तब यह न समझो
ऐसा वे चाहते हैं

दरअसल यह
चैलेंज है उनका

हत्या एक न्याय है

जिसकी हत्या हुई है
हत्यारे के साथ-साथ
उस मृतक पर भी
मुक़द्दमा दर्ज करेगा राज्य

निर्दोष का जीवित रहना ही गुनाह है
इसलिए हत्या एक न्याय है

और उसके बाद भी
यह साबित किया जाना ज़रूरी है
कि हत्या न्यायपूर्वक की गई

तभी वह सम्पूर्ण न्याय है

राजसत्ता की मुहर

आप भले यक़ीन न करें, पर अत्याचारी भीतर से एक असुरक्षित व्यक्ति होता है। इसकी वजह—जिस पद पर वह है, उसके लिए उसकी अयोग्यता है। भय और अयोग्यता मिलकर उसे आक्रामक और हिंस्र बनाते हैं। नतीजतन वह बराबर एक ओर आत्म-सज्जा और आत्म-प्रशंसा और दूसरी ओर, दूसरों की निन्दा और उपहास में मसरूफ़ रहता है।

अत्याचारी के आस-पास अयोग्य लोगों का जमघट होता है। दरअसल ये ही उसे योग्य, बल्कि योग्यतम मान सकते हैं और लगातार यह शोर मचाते रह सकते हैं कि अत्याचारी जितना योग्य पूरे मुल्क में कोई और नहीं है।

अत्याचारी की स्वाभाविक दुरभिसन्धि अमीरों से होती है, क्योंकि वे उसका ताम-झाम बनाए रखने में मदद करते हैं। इसलिए उसके राज में अमीर और अमीर और ग़रीब और ग़रीब होते जाते हैं। हालाँकि वह ग़रीबों के लिए कोई ऐसी योजना चला सकता है, जिसके तहत उन्हें मुफ़्त में कुछ दिया जाता है। मगर वह जीवन-यापन के लिए इतना नाकाफ़ी होता है कि आप कह सकते हैं कि वह ग़रीबों को अपने अधिकार नहीं, बल्कि एक भीख माँगते समाज में बदल रहा है। विडम्बना यह है कि अत्याचारी इसे लोक-कल्याण कहता है!

अत्याचारी का यह दावा रहता है कि जन-हित में जैसा चमत्कार वह करेगा, उसके पहले वैसा कोई कर नहीं पाया है। इसका मतलब—अन्य बातों के अलावा—ऐसी विपत्ति भी हो सकता है, जैसी पहले कभी नहीं देखी गई। इसकी शुरुआत के तौर पर आप उस लुम्पेनिज़्म की चपेट में आ सकते हैं, जो संस्थानों में और सड़कों पर नज़र आती है, पर जिसके स्रोत सत्ता-तंत्र के भीतर छिपे हुए हैं।

अपने से असहमत लोगों के अपमान, दमन, आत्महत्या और हत्या पर अत्याचारी का मौन इसका सबूत है कि असहमति से निपटने के इन्हीं तरीक़ों पर राजसत्ता की मुहर है।

कश्मीर से कन्याकुमारी तक

नेता जब कहते हैं
वे जीत रहे हैं
लोगों की वह
हार होती है

भूखा-नंगा समाज
अधिक-से-अधिक
एक फ़िल्म होती है
टेलीविज़न के परदे पर

जीत से गद्गद आत्माओं को
कोई शोक
छू नहीं सकता

कश्मीर से कन्याकुमारी तक
यह गद्गद भाव ही
एकजुट करता है
राष्ट्र को!

मामूली बात

बैंक में एक अफ़सर से
मैंने कहा :
नोटबंदी के फ़ैसले से
देश में अब तक
सौ लोग मर गए

उसका जवाब था :
'फ़ैसला बहुत अच्छा है
रही बात मरने की
तो इतने बड़े देश में
इतने लोगों का मरना
मामूली बात है'

शासक की रुलाई

अगर शासक रोने लगे
तो जनता सोच में
पड़ जाती है
कि आख़िर
गुनहगार कौन है!

जे.एन.यू. किसी विचारधारा का द्वीप नहीं है

जे.एन.यू. किसी विचारधारा का
द्वीप नहीं है
जिसमें वामपंथी छिपे हों

वे छिपे नहीं
तुम्हारे सामने हैं निष्कवच
सड़कों पर, चैनलों पर
देश के दूर-दराज़ इलाक़ों में
अपमान और
लांछन सहते हुए
भारत की
इन्द्रधनुषी संस्कृति को
बचाने के लिए
लड़ रहे हैं

और अगर नहीं लड़ रहे
तो एक ऐसे दौर में भी—
जब कुछ लोग गांधी के
हत्यारे की प्रतिमा
लगाना चाहते हैं—
उनके लिए यह
शर्म की बात है

वे अपने विचारों को
किताबों में दफ़ना नहीं देते

उनकी क़ीमत चुकाना
जानते हैं

चन्द्रशेखर की शहादत को
तुम मिटा नहीं सकते
इतिहास से

अच्छा किया जो तुमने
जे.एन.यू. पर चोट की

वह उस लड़ाई को
तेज़ कर सका
जो इस देश की
वंचित जनता
अपनी आज़ादी के लिए
लड़ रही है

यह साबित कर सका
कि वह किसी विचारधारा का
द्वीप नहीं है

सोनी सोरी कहती हैं :
'जे.एन.यू. भी अब मुझे
इस तरह महसूस होता है
कि बस्तर का
एक हिस्सा बन गया है।'

अन्याय छिपता है

कई बार सुनवाई
इसलिए होती है
कि कोई यह न कह सके :
राज्य में न्याय नहीं है

अन्याय
छिपता है
न्याय की ओट में

राष्ट्रगान के बाद

अब यह एक नया
रिवाज चल पड़ा है
कि सभा-सम्मेलनों में
राष्ट्रगान के बाद
कोई एक
सुन्दर उदात्त स्वर में नहीं
बल्कि पार्टी कार्यकर्ता के
संविधानेतर उत्साह
या एक ख़ास उच्छृंखलता से
नारा लगाता है :
'भारतमाता की...'

और बाक़ी लोग
भय
विस्मय
या विनय-वश
कहते हैं :
'जय'

गांधी तो सिर्फ़ इसलिए हैं

वे गोडसे को ही
राष्ट्रपिता
बनाना चाहते हैं

गांधी तो सिर्फ़ इसलिए हैं
कि जब वह एक शाम
प्रार्थना के लिए जा रहे हों
तो पहले उनका अभिवादन कर
फिर धोखे से उनकी
उसी तरह हत्या
की जा सके
जैसे गोडसे ने की थी

वे जो गाय की महिमा बता रहे हैं

वे जो गाय की
महिमा बता रहे हैं
और उसके गोबर
और मूत्र पर
गहन शोध के लिए
समितियाँ बना रहे हैं

उन्हीं की गोशालाओं में
झुंड-की-झुंड गायें
भूख और बदहाली से
मर जा रही हैं

मनुष्यों को लगता है
कि बीच-बीच में
गाय के कारण
उन्हें मार दिया जाता है

गायें कह सकतीं
अपनी व्यथा
तो ज़रूर कहतीं :
जो लोग मनुष्य के नहीं हुए
गाय के क्या होंगे

आततायी की उम्मीद

उम्मीद एक दोतरफ़ा चीज़ है
मगर आततायी उसे
एकतरफ़ा बना देता है

उम्मीद करती हुई
ग़रीब जनता से
एक दिन वह कहता है :
आप जनार्दन हैं
परिश्रमी
सर्वशक्तिमान हैं

आपने ही हमें
राजसिंहासन दिया

आप नाहक़ हमसे
उम्मीद करते हैं
उम्मीद तो हमें
आपसे है

फ़िटनेस चैलेंज

वह आदमी व्यायाम कर रहा है
या अपने विलास का प्रदर्शन?

वह जो कह रहा है :
तुम स्वस्थ हो या नहीं?

कहना यह चाहता है :
जब तुम स्वस्थ ही नहीं हो
तो मेरे अन्याय से
कैसे उबरोगे?

हत्यारे आ गए हैं

हत्यारे आ गए हैं
समाचार माध्यमों पर
अपना जुर्म क़ुबूल करते
निर्दोष की हत्या के
गौरव से भरे हुए

ख़ुफ़िया कैमरे के सामने
अपने शौर्य का बखान करते
पुलिस और राज्य के
संरक्षण की आश्वस्ति
और आह्लाद से
रोमांचित

कैसे मारा था उस निरीह को
जिसे बचाने वाला कोई न था
कितनी देर तक
कितने लोगों ने मिलकर
और जब उसने पानी माँगा
पानी नहीं दिया

हत्यारे आ गए हैं
किसी एक सूबे तक
सीमित नहीं
बल्कि मुल्क में
जगह-जगह बिखरे हुए
उनके उन्मादी जत्थे हैं

तुम जिसे अपवाद समझते थे
अब इस देश का नियम है

तुम कहाँ जाओगे इसे छोड़कर
भीतर से कोई पुकार उठती है :
आख़िर यही माटी है
जिसमें तुमने जन्म लिया था
और जिसे तुम
प्यार करते हो

मैं एक जज था

मैं एक जज था

मेरे ज़िम्मे एक ही मुक़द्दमा था
जिसमें मुझे हत्यारे की बाबत
फ़ैसला देना था

मुझे मेरे सदर ने
एक अरब रुपयों की
पेशकश की
मगर मैंने इनकार किया

फिर दूर शहर एक शादी में
मेरे दोस्त जज मुझे ले गए
मुझे पता नहीं था वे अब मित्र नहीं हैं
मेरी मृत्यु को
सुनिश्चित करने के लिए
नियुक्त किए गए
अजनबी लोग हैं

मुझे कोई बीमारी नहीं थी
पर रिकॉर्ड में यही दर्ज है
कि वहाँ रात में मुझे
दिल का दौरा पड़ा

ऑटो स्टैंड नज़दीक नहीं था
फिर भी मुझे ऑटो से

अस्पताल ले जाया गया
जहाँ ई.सी.जी. मशीन ख़राब थी
इसलिए दूसरे अस्पताल के
रास्ते में मेरी मौत हुई

मैं एक जज था
जिसे उन लोगों ने
महज़ शव में बदलकर
एक ड्राइवर के हाथों
मेरे घर भिजवा दिया

यह हत्या थी या हादसा
कोई जाँच नहीं करेगा

अब इस वाक़ये को
तीन बरस हो गए
मुझे अपनी ही याद नहीं

तुम भी अपने ज़मीर के लिए
इसे भूल जाना!

देश काफ़ी बदल गया है

जस्टिस लोया ने
सबसे मर्मस्पर्शी बात
अपने पिता से कही थी :
'मैं इस्तीफ़ा दे दूँगा
और गाँव जाकर
खेती करूँगा
मगर ग़लत फ़ैसला
नहीं सुनाऊँगा'

अगर आप भी ऐसा
सोचते और कहते हैं
तो आपको
जीने नहीं दिया जाएगा

जो मृतक हैं
वे नहीं चाहते
कि उनके बीच
कोई जीवित रहे

बीती आधी सदी में
देश काफ़ी बदल गया है

कुख्यात हत्यारा
डोमाजी उस्ताद
अब षड्यंत्रकारी
मृत्यु-दल की

शोभा-यात्रा में
सिर्फ़ शामिल नहीं
बल्कि वह
नेतृत्व कर रहा है

हार पर

एक छोटे मक़सद में
उन्होंने
अपना सारा जीवन
लगा दिया है
वे ज़्यादा
और संगठित हैं

दूसरी ओर
मक़सद बड़ा है
पर समर्पित लोग
कम हैं
और
बिखरे हुए भी हैं

विद्वानों को हार पर
विस्मय है
मगर बात बहुत सीधी है :
विचार
जो जिया नहीं जाता
जयी नहीं होता

नीरो का बयान

पेट्रोल और डीज़ल पर
बेरहमी से बढ़ते जा रहे
सरकारी कर से
भारत में लोग जब
बेहाल हो गए
उनमें-से बहुतों को
लगने लगा :

हो न हो
रोम पेट्रोल और डीज़ल जैसे ही
किसी ज्वलनशील तरल पदार्थ की
लपटों में
धू-धू कर जला था
और उस अग्निकांड से आह्लादित
सम्राट् नीरो
राजप्रासाद की अट्टालिका पर
बाँसुरी बजाते हुए
सिर्फ़ नृत्य नहीं कर रहा था

बल्कि उसे यह कहते भी
सुना गया था :
यह जो आग सबको
राख करती जा रही है
इसे रोक पाना
मेरे वश की बात नहीं

स्मृति में

फ़ासीवाद के
सुघड़ शिल्पकार की
स्मृति में
बर्बर सब दुखी हैं
संगठित और कृतज्ञ

जानते हैं कि शुरुआत में
उसी नाटकीय
शालीनता की बदौलत
वे स्वीकार्य हुए
और अब
शीर्ष पर क़ाबिज़ हैं

ताक़त और प्रतिष्ठा

ताक़त और प्रतिष्ठा
इस बात से
तय होती है
कि तुम कितना दुख
और नुक़सान
पहुँचा सकते हो
दूसरों को
और अपनों को भी

और जब वे न रह जाएँ
तो अपना शोक
कितने सक्षम ढंग से
प्रकट कर सकते हो

वैसे तो ये गुण
शासकों के हैं
मगर शासितों में
इनका संक्रमण
एक नई परिघटना है

मलबे का मालिक

शासन करने का
एक ढंग यह है :
सब कुछ मिट्टी में
मिला देना

और फिर मलबे पर
खड़े होकर कहना :
मित्रो!
हमें यह विनाश ही
मिला है
विरासत में

यह इलाहाबाद है ही नहीं

वे एक नया भारत बना रहे हैं
जिसे पहचाना न जा सके
जिसमें रहा न जा सके

जिसमें असहमत, ग़रीब
और कमज़ोर लोगों पर
हिंसक हमले
बलात्कार
और उनकी हत्याएँ
की जाएँ

हत्यारों का राजकीय
संरक्षण और
अभिनन्दन हो

और जिनकी सरपरस्ती में
यह सब हो
वे बाज़ाब्ता कहें :
हमारी सर्वोच्च प्राथमिकता है
संविधान
हम एक नया हिन्दुस्तान
बना रहे हैं

इसमें दो चीज़ें
बारी-बारी से

मंच पर आती रहेंगी :
हत्या और हँसी

इलाहाबाद के पथ पर
पत्थर तोड़ती मज़दूरन
किसी निराला को
न दिख जाए
या उसकी याद ही
न आ जाए
इसलिए वे कहेंगे :
यह इलाहाबाद है ही नहीं
यह प्रयाग है

हम कम करवा रहे हैं

मंत्री से पूछो
'हत्या क्यों करवा रहे हो'
तो वह पलटकर
जवाब देते हैं :
हम हत्या के ख़िलाफ़ हैं
हत्याएँ पहले भी हुई थीं
और पहले तो
ज़्यादा हुई थीं

यानी हम
कम करवा रहे हैं
और तुम
इस रिआयत के लिए
शुक्रगुज़ार भी नहीं हो?

मुकुटहीन

राजा ने सौजन्य का
मुकुट उतारकर
रख दिया है

राजसत्ता का जो सन्देश
भारत के
ग़रीब और उत्पीड़ित
जन-समाज के लिए है
वही पड़ोस के लिए भी :

यह धर्म-प्रधान देश अब
अशरण-शरण नहीं रहा

यह हिटलर का दिमाग़ है

नागरिकता सन्दिग्ध होने की वजह
ज़रूरतमन्द या
मुसीबतज़दा लोगों का
बाहर से आकर
भारत में बसना नहीं
एक ख़ास धर्म से
उनका जुड़ा होना है

और ऐसे ग़ैर-नागरिकों को
मनुष्य माना जाएगा
तो उन मनुष्यों का क्या होगा
जो यहाँ पहले से रह रहे हैं?

तुम वही कह रहे हो
जो कभी हिटलर कहता था

नफ़रत न इनसान को
पहचानती है
न ख़ुद को इनसान
रहने देती है

यह हिटलर का दिमाग़ है
जो राष्ट्रवाद का बाना पहनकर
भारत में दाख़िल हुआ है

अब इसमें कोई शक नहीं

अब इसमें कोई शक नहीं
कि जो हत्यारे हैं
गोडसे की प्रजाति के हैं
और जिनकी हत्या हो रही
गांधी के वारिस हैं

हालाँकि जो गांधी के वारिस नहीं हैं
वे भी उन्हें महान कहते हैं
बस उनकी पहचान यह है
कि गांधी की हत्या पर चुप रहते हैं

यह हत्या कैसे हुई किसने की क्यों की
वे चाहते हैं ये सवाल
कभी पूछे न जाएँ

यह सिर्फ़ कल्पना की जा सकती है
वे किस ज़ेहनियत के लोग होंगे
जो किसी की ज़िन्दगी का इस्तेमाल करते हैं
पर उसकी मृत्यु से हमदर्दी नहीं रखते

उनकी यह ख़ासियत भी लाज़िम है
कि वे गोडसे का कभी नाम नहीं लेते
गोया वह था ही नहीं
था तो उसने हत्या नहीं की
की तो उसे फाँसी नहीं हुई

इसका मतलब यह है
गांधी अभी हैं
और गोडसे भी
और हत्या वह बराबर कर रहा है

बेशक इसे वे नहीं मानते
जिनका गांधी के जीवन पर दावा है
मगर उनकी मृत्यु का पछतावा नहीं है

पैसा जितना निर्णायक हुआ

पैसा जितना निर्णायक हुआ
ज़िन्दगी के लिए
ग़रीब उतना ही
अकेला हुआ

उतना ही वध्य

बुद्धिजीवी से बातचीत

बुद्धिजीवी से बात कीजिए
तो वह कहेगा :
अत्याचार पहले भी होते थे
उनमें नया क्या है

सत्ता का स्वभाव ही ऐसा है

हाँ, कम-ज़्यादा तो लगा रहता है

राजनीति माफ़ियाओं के बग़ैर
कहाँ चल सकती है?
पर समाज में वे
नहीं होने चाहिए

जिन चीज़ों से कुछ लोग विचलित हैं
मत भूलिए, कहीं बड़ी संख्या में लोग
उनसे ख़ुश भी हैं

बातचीत उस दिशा में बढ़ती जाएगी
जहाँ तुम्हें अपनी परेशानी पर
शर्मिंदगी होने लगे

तब आएगा यह प्रस्ताव :
आइए, हम अलग हटकर
कुछ करते हैं
मसलन संगीत सुना जाए

सहसा बहुत सारा अकेलापन
तुम्हें घेर लेगा
और तुम पाओगे
कि सौजन्य के लायक़ भी
तुम नहीं रह गए

जो इस सर्किट में शामिल नहीं

एक मिश्र जी
दूसरे मिश्र से
क्या चाहते हैं
यह स्पष्ट है

तीसरे मिश्र
इस चाहत का
जिस तरह
समर्थन कर रहे हैं
लाज़िम है

चौथे मिश्र
लोकतंत्र को
मिश्रों के बीच का
आपसी मामला
बना दे रहे हैं

बाक़ी जो इस सर्किट में
शामिल नहीं
ताज्जुब करने के लिए हैं
कि वे इस देश में
कर क्या रहे हैं

बलात्कारी की हँसी

गिरफ़्तार करके
ले जाए जा रहे
बलात्कारी की हँसी
कहती है
कि न्याय के नाम पर
जो कुछ हो रहा
एक प्रहसन है

मेरे पास धन है
रुतबा है
सत्ता का समर्थन है

जैसे मैंने अत्याचार किए
और भी करूँगा मैं

उदास वे हों
जिन्हें मैंने सताया है
या जो निरीह और
अरक्षित हैं

सभ्यता के इस मक़ाम पर
यातना का कोई मूल्य नहीं
वह सिर्फ़ आततायी की
प्रसन्नता के काम आई

हरियाणा

नेताओं और बाबाओं ने
जितना छीना है देश से
उससे कहीं अधिक दिया है
सिरसा की दो बेटियों
और शहीद पत्रकार
रामचन्द्र छत्रपति ने

खेल-कूद में ही नहीं
प्रतिरोध में भी
हरियाणा
अव्वल आया

यही साहस

मगर आख़िर
किया भी क्या जा सकता है :
जब इस लाचारी में
साँस लेते हैं
साहित्य के दिग्गज
क़ानून के मर्मज्ञ
राजनीति के महारथी

तब विकट अँधेरे में
रौशन क़ंदील सी
एक अकेली लड़की
बलात्कारी के मुँह पर
कालिख पोत देती है

यही साहस
बचाएगा
समाज को

राजधानी में

राजधानी में
कोई जगह नहीं है
जहाँ जनता
अपना दुख
और विरोध
व्यक्त कर सके

विरोध से
सत्य
सामने आता है
दुख से
करुणा

राजा
इन दोनों का ही
वैरी है

सान्निध्य में देखो

काला रंग
सिर्फ़ विरोध का
प्रतीक नहीं
गौर वर्ण के
सान्निध्य में देखो
तो उसकी ख़ूबसूरती
बेनज़ीर है

मगर देश के
इतिहास में
ऐसा भी वक़्त आया
जब राजा की सभाओं में
यह रंग ही
निषिद्ध था

अफ़सोस की बात
महज़ यह नहीं
कि राजा विरोध से
भयभीत था
बल्कि यह भी
कि उसमें
सौन्दर्य को
सराहने की
सलाहियत नहीं थी

पाकिस्तान

पाकिस्तान टेररिस्तान नहीं है

शासक अगर आतंकवाद का
प्रच्छन्न समर्थक है
तो इससे मुल्क
दहशतगर्द नहीं हो जाता

मसलन वह साम्प्रदायिक है
तो मतलब यह नहीं
कि राष्ट्र साम्प्रदायिक है

ज़ुल्म के शिकार को
उससे सहमत मान लेना
उस पर हो रही हिंसा में
हाथ बँटाना
और यह सुनिश्चित करना है
कि नफ़रत की राह जो
भटकाए गए
उनकी वापसी न हो सके

नेता का अपयश कई बार
देश के दुख तक
पहुँचने नहीं देता

देश शासक का अविवेक
और क्रूरता नहीं

वह सौन्दर्य है
जो उसकी अनिच्छा के बावजूद
जनता बचाकर रखती है

पाकिस्तान की एक पुरानी अनौपचारिक चिट्ठी : भारत के नाम

एक जो नागरिक तुम्हारा
भटककर आ गया हमारी सीमा में
जासूस है या नहीं
हम उसे जासूस कहेंगे
और न्याय के नाम पर
उसकी हत्या करेंगे

अच्छा हो कि देशभक्ति के
पवित्र उन्माद में
भड़की हुई भीड़
उसे मार डाले
या कोई पेशेवर अपराधी ही

राष्ट्र को कलंकित न होना पड़े

हम उसका शव फिर तुम्हें भेजेंगे

बदले में तुम हमारे घुसपैठिये
आतंकी या सैनिक को
मुठभेड़ में या किसी तरह मार दो
और उसकी लाश भेजो

प्रतिशोध पूरा करो!

यही गुप्त मौन समझौता है
हम पड़ोसी देशों के बीच
जो कभी एक ही देश थे
और एक-दूसरे से
नफ़रत किए बग़ैर
अपने अलगाव को
सह नहीं सकते

लाशों की अदलाबदली से
राष्ट्रीयताएँ
मज़बूत होती हैं

हार

युद्ध में
विजय भी
प्यार की
हार है

लोकतंत्र का क़िस्सा

यह किसी राजतंत्र नहीं
लोकतंत्र का
क़िस्सा है

पाँवों पर पड़े हुए
विद्रोही की
आत्मदया देखकर
राजा की आँखों में
आँसू भर आए

उसने गद्गद होकर
दरबारियों से कहा :
मुझे लगता था
कि इनसे लड़ना पड़ेगा

मगर तब
मालूम नहीं था :
यह इतने
अच्छे व्यक्ति हैं

असली बात कहते नहीं बनती थी

हमारे दौर में लोकतंत्र की
एक अजब-सी कूट-भाषा
विकसित हो चुकी थी

नेता जब कहता था विकास
वह जानता था
कि विकास के लिए
समर्थन नहीं माँग रहा है

लोग जब कहते थे विकास
जानते थे
कि विकास के लिए
वे उसके साथ नहीं हैं

असली बात कहते नहीं बनती थी
इसलिए उसे कहा जाता था विकास

अन्त में अन्याय जब बहुत बढ़ गया
तब यह ख़ुलासा हुआ :
विकास राजधर्म का
पालन न करने वाले
एक नेता का नाम था
जिसे गिरफ़्तार करने की
कोशिश हुई थी
पर किया नहीं गया

अफ़सोस मगर यह है

अब अतिरंजना ही यथार्थ है
और इसकी देवी
भारतमाता नहीं
साम्प्रदायिक हिंसा है

मार-पीट से ठीक पहले की
धमकी-भरी भाषा के
उदास मोड़ पर
खड़ा है लोकतंत्र

राष्ट्र के भविष्य को लेकर
गुंडे सरे-आम
अवाम को
आश्वस्त करते हैं

जो जितना बड़ा अपराधी है
उसकी वाणी में
उतनी ही ललकार है
उसके होने में
उतना ही उजियार

समझता हूँ तुम्हारा मंतव्य
कि चीज़ें ताक़त से तय होंगी
उनकी अन्तर्निहित
संवेदना से नहीं

अफ़सोस मगर यह है
कि तुम कोई बात
सभ्यता से
कह नहीं पा रहे!

शासक अभद्र हो तो भी

शासक अभद्र हो तो भी
उसका विरोध अभद्र न हो

विरोध अभद्र हो गया
तो उसे ख़ुशी होगी
कि ऐसा ही मुल्क
उसने बनाना चाहा था

देशभक्ति कोई आसान चीज़ नहीं रह गई

देशभक्ति कोई
आसान चीज़ नहीं रह गई
जिसके लिए देश में रहना
और चुपचाप
उसे प्यार करना काफ़ी हो

वह अब महसूस करने की नहीं
विज्ञापित करने की विषय-वस्तु है

पहले अपने काम को
सर्वश्रेष्ठ सम्भव ढंग से
करना ही देशभक्ति थी

अब काम नहीं
देखा जाता है
हाथ तुम्हारा
माफ़िया के समर्थन में
उठा हुआ है या नहीं

वे जो देशभक्ति का
प्रमाण माँगते हैं
राजभक्त हैं
उनके आदर्श वे हैं
जो अंग्रेज़ों के ज़माने में
राजभक्त थे

जब तुम कहते हो आज़ादी
वे हँसते हैं इस इच्छा पर
जो उन्होंने अपने लिए नहीं चाहा
तुम्हारे लिए कैसे चाह सकते हैं?

और जो उनकी आक्रामकता है
वह इसी हीनता से
उबरने की कोशिश है

स्वदेशी एक खोया हुआ सवाल है
देश को लेकर
वह जितना वाचाल है
अमेरिका पर उतना ही निहाल है

पूर्वजों ने आज़ादी के लिए
देशभक्ति की थी
अब जो देशभक्ति आई है
वह इसलिए
कि गुलामी से तुम छूट न सको

राम के लौटने का एक ही दिन है

आज राम के अयोध्या
लौटने का दिन है

अमावस्या की रात में
कहीं ऐसा न हो
कि वह आएँ और चले जाएँ
कोई जान भी न पाए
इसलिए लोगों ने
दीपोत्सव मनाया था

राम दरअसल राज्य करने
वापस नहीं आए थे—
राज्य तो भरत
कर ही रहे थे—
वह सिर्फ़ यह जताने आए थे
कि मनुष्य चाहे
जितनी बड़ी ग़लती कर दे
उसे क्षमा किया जा सकता है

और जब उन्होंने
सरयू में जलसमाधि ले ली
तो उसके बाद उनके
लौटने का एक ही दिन है
बाक़ी दिन रावण के हैं
जिसने उनकी अनुपस्थिति में

अपना साम्राज्य
बहुत विकसित कर लिया है

अब तो राम अयोध्या
बहुत सकुचाते हुए आते हैं
क्योंकि अपने स्वागत में
दीप जलाते
रावण को भी पाते हैं

मानो वह कह रहा हो :
राम से लड़कर नहीं
बल्कि उनकी भक्ति की
आड़ में
अत्याचार करना
अधिक आसान है

अन्यथा

सुन्दर
और सुन्दर
होता है
प्रतिरोध से

अन्यथा जो सौन्दर्य है
वह तुम्हें मिला है
उससे तुमने
न्याय नहीं किया है

चुनाव में आधे लोग

चुनाव में तक़रीबन
आधे लोग
बदलाव चाहते थे
आधे से कुछ अधिक
चले आ रहे से
मुत्मइन थे

यों परिवर्तन की
इच्छा हार गई

आधा समाज ख़ुश
आधा उदास था

तभी नेता ने आकर
विजय-चिह्न दिखाया
हरगिज़ नहीं सकुचाया

थकान के बावजूद

थकान के बावजूद
अत्याचारी के चेहरे पर
चमक थी
जो अनुभव से आती है

और बेशक
एक उदासी भी
जो इस पछतावे से
जनमी थी
कि 'जितना नुक़सान
मुझे पहुँचाना था
उतना अभी मैं
कर नहीं पाया'

महाराज अजेय हैं

नेतृत्व निरर्थक
साबित हुआ :
जब यह स्वीकार करने का
समय आया
राजा ने
दूसरे संकट की ओर
ध्यान दिलाया :
हमारा विपक्ष
प्रतिभाहीन है

सभासदों ने दोहराया :
महाराज का
कोई विकल्प नहीं है

उन्होंने जय-जयकार की :
महाराज अजेय हैं
अजर हैं
अभी आधी सदी तक
राज करेंगे

विधान के मुताबिक़
प्रत्येक पाँच साल पर
जनमत-संग्रह की भी
ज़रूरत नहीं
क्योंकि राज्य में
योग्यता का अभाव है

कारण कुछ ऐसा था
कि अकाल की
ख़बर की तरह
सुन पड़ती थी
यह मुनादी

जो भी कहता है

जो भी कहता है
कि विकल्प नहीं है
वह वस्तुनिष्ठ होने का
अभिनय करता हुआ
अधिनायक का
चुप्पा समर्थक है

राजा का हुक्म

गिरफ़्तार कर लाए गए
अभियुक्त से
राजा ने पूछा :
प्रजा तो सदियों से
दुख सहती आई है
फिर तुम हमारी
मुख़ालफ़त क्यों करते हो?

उसने जवाब दिया :
महाराज, कुछ कहते नहीं बनता
आप बहुत नाराज़ होंगे

नहीं, नहीं, जो सच हैं
तुम निडर होकर कहो!

महाराज, दुख तो कम-ज़्यादा
हमेशा थे
मगर अब जो दुख हैं
आपकी सनक का नतीजा हैं
इसलिए...

इसलिए क्या?

अब रहने दें, राजन्!
कहने से भी क्या प्रयोजन?

नहीं, नहीं, तुम कहो
हम समस्या का
समाधान करेंगे

अभियुक्त ने बात पूरी की :
'इसलिए हम शर्मिंदा हैं
कि आप जैसा शख़्स
इस मुल्क का हाकिम है'

तब क्या था
राजा ने हुक्म दिया :
इस आदमी को
फाँसी पर चढ़ा दो

उसने आगे कहा :
और भी जो लोग
शर्मिंदा हों
उन्हें फाँसी दो

शर्म को मिटा दो!

जब राजा ही सुरक्षित नहीं

राजा से प्रजा को ख़तरा है
जबकि राजपुरुष कहते हैं :
राजा के शत्रु
प्रजा में ही
छिपे हुए हैं

राजा के शत्रु
न हों तो भी
इस एहसास के लिए
ज़रूरी हैं
कि राजा संकटापन्न है
जिससे लोग यह मान लें :

जब राजा ही सुरक्षित नहीं
तब सर्वोत्तम यही है
कि हम उसके
योगक्षेम की चिन्ता करें
और हमारी जो दुरवस्था है
उसके लिए वह नहीं
हमीं ज़िम्मेदार हैं

शासन की सुविधा के लिए

राजा की
एकमात्र मुश्किल है
विपक्ष

राजनीतिक ही नहीं
किसी भी क़िस्म का विपक्ष

यानी विरोधियों
या समर्थकों में
कोई विचार न रहे

विचारक नहीं
प्रचारक रहें
जो अत्याचार के
औचित्य को साबित करें

राजा ने मंत्री से कहा :
'शासन की सुविधा के लिए
देश को
विचार-मुक्त बनाना है'

मंत्री बोले :
'मगर एक अड़चन है
दुख रहेगा
तो विचार भी रहेगा

और दुख हम
मिटा नहीं सकते'

राजा ने चिन्ता
ज़ाहिर की :
'तब किया क्या जा सकता है?'

मंत्री ने ख़ुश होकर बताया :
'हमने एक
व्यवस्था बनायी है :

भीतर से बाहर जाता है
जय-जयकार
इसलिए
बाहर जो हाहाकार है
अंदर आ नहीं सकता'

महाराज मौन हैं

बहुत कुछ करने का
दावा करते-करते
महाराज आख़िरकार
चुप हो गए हैं

अनशन से निधन
राजकोष में ग़बन
पूँजीपतियों के उत्थान
ग़रीब के अपमान पर

बुद्धिजीवियों की निराशा
व्यापारियों की हताशा
मुद्रा के अवमूल्यन
मज़दूरों के शोषण पर

बेरोज़गारों के दमन
स्त्रियों के उत्पीड़न
निर्दोष की हत्या
किसान की आत्महत्या पर

महाराज मौन हैं

लोग कहते हैं :
उनके पास कहने को
कुछ नहीं

वह कहना चाहें भी
तो क्या कहेंगे?

अब वे तभी मंच पर आते हैं
जब कोई प्रहसन करना हो
या इतिहास के बारे में
अपने अज्ञान का प्रदर्शन

या झूठा वादा
या लोगों को आपस में
लड़ाने का इरादा

या किसी का तिरस्कार
या पलटवार

वह स्वयं रो सकते हैं
मगर दूसरों की व्यथा का
नहीं कर सकते उपचार

दुख के प्रसंगों को
वह पहचानते नहीं

महाकवि ने तो कहा था :
करुण ही एक रस है

पर महाराज के राज्य में
करुणा के लिए
जगह नहीं

कविता तो करुणा से ही सम्भव है

कविता तो करुणा से ही सम्भव है

कोई धूर्त शासक, ख़ुदग़रज़ प्रेमी
या निष्करुण व्यक्ति
कवि नहीं हो सकता

जो उपेक्षा करता है
वह उसका औचित्य
बता सकता है
कविता नहीं कर सकता

यह नहीं कि कविता
सच का सामना नहीं करती
बल्कि उसकी करुणा
इसी अन्तर्विरोध पर निर्भर है
कि न्याय जो
किया जा सकता था
किया नहीं गया

जब तुम मुझे पुकारते हो

मैं धूप हूँ सख़्त धूप
मैं अपने भीतर
बहुत दूर तक चला गया
पानी हूँ

जब तुम मुझे पुकारते हो
मैं पानी से भरी
चमकती ट्रेन की तरह
आती हूँ
लातूर

राजा यह कल्पना नहीं कर सकता

राजा यह कल्पना
नहीं कर सकता
कि एक दिन वह
राजा नहीं रहेगा

यह कल्पना
उसके अनुयायी भी
नहीं कर सकते

राज्य की संस्थाएँ भी नहीं

नागरिक कर सकते हैं
मगर इसके एवज़ में वे
राज्य द्वारा
अयोग्य
नाकारा
भ्रष्ट
या अपराधी
ठहराए जा सकते हैं
बंदी
बनाए जा सकते हैं

कहने को जनतंत्र है
पर वास्तव में
यह एकतंत्र है

राजा बदला जा सकता है
जो भी यह संभावना
जता रहा है

जोखिम उठा रहा है

फ़ासीवाद जब बढ़ता है

फ़ासीवाद जब बढ़ता है
मित्र घटते जाते हैं

वे दैत्य के जबड़े के
सामने नहीं
पड़ोस में
रहना चाहते हैं

मृत्यु से बचने के लिए
ऐसी जगह की तलाश में
जो जीते-जी
मृत बनाए रखती है

जो लोग पूछते हैं

जो लोग पूछते हैं
'विकल्प क्या है?'
वे विकल्प नहीं है के
उल्लास से भरे हुए हैं

और जब मैं कहता हूँ
'विकल्प है
इस देश का हर नागरिक
एक विकल्प है'
तो यह उन्हें
अपने मालिक की
तौहीन लगती है

और वे मुझ पर
आक्षेप करते हैं :
'विकल्प की बात
करते हुए भी
सुरक्षित हो
यानी तुम
ईमानदार नहीं!'

बात करते-करते

बात करते-करते
जब तुम्हें लगे
कि यह आदमी
अब तुम्हारा दोस्त नहीं
सत्ता का मुख़बिर है
तो अपने अनिष्ट की
आशंका तो होती है

पर उससे अधिक
अफ़सोस होता है
कि वह उतना
समुन्नत नहीं है
जितना तुम उसे
मानते थे

साथ

मेरा साथ इसलिए मत देना
कि मैं तुम्हारा सजातीय हूँ
या मित्र हूँ
या इस प्रत्याशा में
कि मैं भी तुम्हारा साथ दूँगा

व्यक्ति का साथ मत देना
सच का देना

क्योंकि फिर मैं तुम्हारा साथ
नहीं भी दे पाया तो
तुम्हें यह रंज नहीं होगा
कि एक निम्न प्रयोजन से
तुम मेरे साथ खड़े रहे थे

एक आदमी इस मुल्क में

एक आदमी इस मुल्क में
अपने हर सम्भव प्रतिपक्ष का
उपहास और
अपमान करता हुआ
घूम रहा है

उसे किसी सवाल का
जवाब नहीं देना
बल्कि उसकी हँसी में
यह हिक़ारत है
कि प्रश्न करने की
ज़रूरत और हिम्मत
अभी बाक़ी है

लोग ताली बजा रहे हैं
क्योंकि जो वे स्वयं
करते हैं ज़िन्दगी में
उसका वह
सर्वश्रेष्ठ प्रतिनिधि है

समाज में बहस की
ताब नहीं रह गई

विद्वेष और हिंसा ने उसे
विस्थापित कर दिया है

विपत्ति

विपत्ति कई बार
विनम्रता के
वेश में आती है

अत्याचारी कहीं
माथा टेकता हो
तो यह न समझो :
उसे ईश्वर की
याद आ गई है
या चीज़ें
अब बदलेंगी

यह मनुष्य के विरुद्ध
कोई नई चाल है
किसी नए
आखेट की
योजना

जहाँ तुम्हारे आँसू हैं

जहाँ तुम्हारे आँसू हैं
वहीं उनका उल्लास मैं देखता हूँ

प्रतिकार नहीं किया गया का मतलब
यह नहीं है कि पीड़ा नहीं

उससे सिर्फ़ तुम्हारी लाचारी का
पता चलता है
शासक की भलमनसाहत का नहीं

तुम बच गए का मानी
यह नहीं कि हिंसा नहीं है

बल्कि इसलिए कि
तुम्हारा अपमानित वजूद
उसकी सुविधा के लिए
अनिवार्य है

जब कभी तुम शासक का
पिटा हुआ चेहरा देखते हो
तब यह नहीं कि किसी हार ने
उसे मानवीय बनाया है

बल्कि वह अपने मौन को
अन्याय के परदे की तरह
इस्तेमाल करता है

और तुम्हें एक अन्तराल
जितनी राहत देता है
जिसमें उसे अपनी
सफलता की तलाश है
जिसके प्राचीर पर खड़े होकर
वह फिर से कोई
अप्रिय बात कहेगा

जो लोग विरोध कर रहे हैं

जो लोग अन्याय का
विरोध कर रहे हैं
उनसे राज्य को
शान्ति-भंग का अंदेशा है

जो अपनी ज़मीन
छीनने नहीं दे रहे हैं
वे विकास होने नहीं देंगे

जो भूखों मर रहे हैं
वे अगर जी सकें
तो उनकी आमदनी
पाँच साल में
हम दोगुनी कर देंगे

जो बेरोज़गार हो रहे
वे वही हैं
जो सांस्कृतिक राष्ट्र के
काम में नहीं लगे हैं

जो इन सब मुद्दों को उठा रहे
वे दुनिया में देश की
छवि ख़राब कर रहे हैं

हम सफ़ाई अभियान चला रहे हैं
और लोग कैसे अहमक़ हैं

कि धरना-प्रदर्शन और भाषण से
पर्यावरण को
नुक़सान पहुँचा रहे हैं

अब जब लोग मिलते हैं

अब जब लोग मिलते हैं
भरसक चाहते हैं
कि हत्या पर
कोई बात न हो

गोया वह तो होनी है
और उसका होना
उनकी रज़ामन्दी से भी
आगे की चीज़ है

यों वे अगल-बग़ल देखते हैं
सामान्य तौर पर हाल-चाल
हँसी
जिसका कोई प्रसंग नहीं होता

और फिर रुख़सती के वक़्त
उस ख़ालीपन का
हम दोनों ही नहीं जानते
कि क्या करें
जो मिलने के बाद भी
हमारे बीच रह जाता है

जब भी कोई हादसा होता है

जब भी कोई हादसा होता है
जाँच का एलान हो जाता है
गोया वह आदिकाल से चल रही है
और अनन्त काल तक चलती जाएगी
नतीजा उसका कभी नहीं आएगा

दूसरे, मृतकों के परिजनों को
कुछ लाख रुपयों की
इमदाद जारी होती है
जीवन की रक्षा में नहीं
उसके न रहने की सान्त्वना में

मैं अपनी माँ के शब्द सुनता हूँ :
'अब इन रुपयों से क्या होगा?'

जानता हूँ
रुपये उसके पास नहीं होंगे
फिर भी यही उसका जवाब होगा

और कुछ नहीं है

प्यार प्रतिकार है
उस अलगाव का
जो हमारे होने में है

प्यार के साहस से बेहतर
और कुछ नहीं है
जो तुम इस दुनिया के लिए
कर सको!

कुछ तो

एक कुलपति की विदाई के अनन्तर
अध्यक्ष जी ने पूछा :
अगला कुलपति कौन होगा?
मालूम करो!

मैंने कहा :
यह राष्ट्रपति तय करते हैं
मेरी क्या बिसात?

वह निराश और चिन्तित होकर बोले :
बात तो ठीक है
पर नाम भले पता न लगे
अवर्ण होगा कि सवर्ण होगा
कुछ तो पता लगे

यही सच है

मैंने हिन्दी के एक बड़े कवि से
तीन साल पहले कहा था :
'ये लोग भारत को
एक कॉर्पोरेट
हिन्दू राष्ट्र में
बदलना चाहते हैं'

वह बहुत स्थिर
और गम्भीर स्वर में बोले :
'यह सम्भव नहीं है'

मगर मैं अडिग था :
'यही सच है'

उनकी आवाज़ में
इस्पाती प्रखरता थी :
'अगर यह सच
सबको पता चल गया
तो ये लोग
कहीं के नहीं रहेंगे!'

तब से मैं सोचता हूँ
देश में जितना मीडिया,
सोशल मीडिया और ट्विटर है
जितनी राजनीति, मिलेट्री
और पुलिस है

जितने अफ़सर, उद्योगपति,
अपराधी और लफ़ंगे हैं
उनमें-से ज़्यादातर
इसी सच को छिपाने के
कारोबार में मुब्तला हैं

क्योंकि यह सच
सबको पता चल गया
तो ये लोग
कहीं के नहीं रहेंगे

माफ़ी चाहते हैं

जिन्हें सब कुछ मिल रहा है
उन्हें और चाहिए
दरअसल पूरा देश चाहिए
खनन और अपहरण के लिए
और जब तक वे जीवित हैं
शासन के लिए

जिन्हें वेतन मिल रहा है
उन्हें पेंशन चाहिए
और ठीक ही चाहिए

मगर जिन्हें कुछ नहीं नसीब
महज़ उनकी क़र्ज़माफ़ी से
आपका आर्थिक सुख
और संतुलन
डगमगा जाता है

लिहाज़ा आपकी
वातानुकूलित कॉलोनियों
और कारों के बाहर खड़े
वे किसान
क़र्ज़माफ़ी नहीं
बल्कि क़र्ज़ लेने की
मजबूरी के बग़ैर
मेहनत करके
जीना चाहते हैं

और यह चाहत भी जुर्म हो
तो आपसे
माफ़ी चाहते हैं

कम गम्भीर नहीं

जब क्रिकेट खेला जाता है
जगह-जगह लोग
मैच के हाल की बाबत
इतने फ़िक्रमन्द मिलते हैं
गोया वह देश का हाल हो

एक चिन्तित आदमी
स्कोर पूछता है
दूसरा बताता है

बचने के रास्ते
हमेशा रहते हैं
फिर भी देश को लेकर
ये कम गम्भीर नहीं
दरअसल बहुत
उदास लोग हैं

इन्हें मालूम है :
जीता कहाँ जा सकता है

उनका यह दुःस्वप्न है

नेता के भावुक होकर
यह कहने में
कि 'क़ानून के समक्ष
झुकना ही पड़ेगा'
क्या किया जाए की
लाचारी है
न्याय किया गया का
गर्व नहीं

जो लोग सत्ता में हैं
उनकी यह चाहत नहीं
दुःस्वप्न है
कि उन्हें कभी
मनुष्य की तरह रहना पड़े

फाँसी की सज़ा

फाँसी की सज़ा
मुनासिब नहीं है
और उस पर
तुम्हारा उल्लास भी
समझ के परे है

क्योंकि हत्या जिसने की
उसकी हत्या
तुमने भी की
बेशक न्यायपूर्वक की

मगर एक तो
न्याय और प्रतिशोध में
तुम अन्तर नहीं कर सके

दूसरे, यह साबित नहीं हो पाया
कि हत्या
एक भयावह कर्म है

लोकप्रियता के लिए

लोकप्रियता के लिए
गिर मत जाओ

ऐसे कोई
नायक नहीं बनता

भीड़ जो
निर्दोष लोगों को
मारने निकली है

वह तुम्हें
सरग़ना
बना रही है

सत्य की आँच

सत्य की आँच
सरकार को
बर्दाश्त नहीं हुई
जाना पड़ा
एक सच्चे पत्रकार को

तेजस्विता से
इतना भयभीत
वही हो सकता है
जिसकी आत्मा
खोखली है
अँधेरे से भरी

जानते नहीं हो

आँसुओं की आभा से
वंचित अभागो!

देह पर
पहरा बिठाकर
तुम उसे
रोक नहीं सकोगे

जानते नहीं हो :
प्यार
बुनियादी तौर पर
आत्मा की
कार्रवाई है

सुविधा बहुत है

सोशल मीडिया की
आत्मनिर्भर दुनिया में
पसन्दगी, प्यार, हँसी
आश्चर्य, दुख और क्रोध
सब महज़ एक
माउस क्लिक की दूरी पर

सुविधा बहुत है
इतनी कि अचरज होता है
मनुष्य बन सकने के लिए
लगभग कुछ न करना पड़े!

जोखिम

उनकी ख़ैरियत नहीं है
जो सरकार के ख़िलाफ़
लिख और बोल रहे हैं

और उनकी भी नहीं
जो इस ख़िलाफ़ लिखे
और बोले गए की
तारीफ़ कर रहे हैं

ऐसे में एक दोस्त ने
जोखिम उठाते हुए
मुझसे कहा :
देखिए, मैं अब भी
आपको पसन्द करता हूँ

भोले

रन आउट वह व्यक्ति है
जो अपनी योग्यता से
अधिक पाना चाहता है

एल. बी. डब्ल्यू.
दिमाग़ की जगह
देह इस्तेमाल करता है

कैच वह
जो संयम के क्षणों में
उत्सव का हिमायती है

और क्लीन बोल्ड :
जिसे यथार्थ ही नहीं दिख रहा

आप इन्हें क्रिकेट के
मैदान पर खोज रहे
तो बहुत भोले हैं

अन्ततः

अन्ततः
रौशनी की किरनें ही
सुलझाती हैं अन्धकार को

वह जो ढीठ और डरावना है
और जिसमें विश्व-विजय का
मनोरथ है

एक क्षीण उजली रेखा
शान्त और अविचलित
उसका कलेजा
दो टूक करती है

इस घड़ी सबसे बुरा काम क्या है

इस घड़ी जब कि फिर
भीड़ के हाथों
एक बेक़सूर नौजवान की
हत्या की ख़बर आ रही है
सबसे बुरा काम क्या है
जो मैं कर सकता हूँ

निष्क्रिय रहूँ
अपने दिल पर
कोई खरोंच न आने दूँ
और हाकिम की
हाँ में हाँ मिलाकर
कहूँ :
यह जो कुछ हो रहा है
इसे राजनीतिक नज़रिये से
न देखें!

प्यार एक बहस है

प्यार
एक बहस है
व्यवस्था से
कि तुम्हें
वैसा नहीं होना चाहिए
जैसी कि तुम हो

ooo